CUERPOS DE AGUA
LAGOS

Un libro de Las Raíces de Crabtree

DOUGLAS BENDER
Traducción de Pablo de la Vega

CRABTREE
Publishing Company
www.crabtreebooks.com

Apoyos de la escuela a los hogares para cuidadores y maestros

Este libro ayuda a los niños en su desarrollo al permitirles practicar la lectura. Abajo están algunas preguntas guía para ayudar al lector a fortalecer sus habilidades de comprensión. En rojo hay algunas opciones de respuesta.

Antes de leer:

• ¿De qué pienso que trata este libro?
  • *Pienso que este libro es sobre cómo se crean los lagos.*
  • *Pienso que este libro es sobre los lagos y cómo son.*

• ¿Qué quiero aprender sobre este tema?
  • *Quiero aprender qué animales viven en los lagos.*
  • *Quiero aprender cómo nacen los lagos.*

Durante la lectura:

• Me pregunto por qué...
  • *Me pregunto por qué hay peces en los lagos.*
  • *Me pregunto por qué se hacen hoyos en la tierra.*

• ¿Qué he aprendido hasta ahora?
  • *Aprendí que la gente puede nadar en los lagos.*
  • *Aprendí que plantas y animales pueden vivir en y alrededor de los lagos.*

Después de leer:

• ¿Qué detalles aprendí de este tema?
  • *Aprendí que los lagos pueden ser grandes y pequeños.*
  • *Aprendí que los lagos están rodeados de tierra.*

• Lee el libro una vez más y busca las palabras del vocabulario.
  • *Veo la palabra **hoyos** en la página 4 y la palabra **costas** en la página 12. Las demás palabras del vocabulario están en la página 14.*

Este es un **lago**.

Los lagos nacen en **hoyos** muy grandes.

En los lagos puede
haber peces.

En los lagos puede haber **plantas**.

La gente puede **nadar** en los lagos.

Todos los lagos tienen **costas**.

13

Lista de palabras

Palabras de uso común

en	la	tienen
es	los	todos
este	muy	un
grandes	nacen	
haber	puede	

Palabras para conocer

costas

hoyos

lago

nadar

plantas

35 palabras

Este es un **lago**.

Los lagos nacen en **hoyos** muy grandes.

En los lagos puede haber peces.

En los lagos puede haber **plantas**.

La gente puede **nadar** en los lagos.

Todos los lagos tienen **costas**.

Written by: Douglas Bender

Designed by: Rhea Wallace

Series Development: James Earley

Proofreader: Janine Deschenes

Educational Consultant:
Marie Lemke M.Ed.

Translation to Spanish:
Pablo de la Vega

Spanish-language layout and
proofread: Base Tres

Print and production coordinator:
Katherine Berti

Photographs:
Shutterstock: digidreamgrafix: cover; Songquan
Deng: p. 1; Elena Elisseeva: p. 3, 14; a4ndreas:
p. 4-5; evronphoto: p. 6; LianeM: p. 9, 14;
ZsoltBiczo: p. 11, 14; Alex Stemmer: p. 13, 14

Library and Archives Canada Cataloguing in Publication

Title: Lagos / Douglas Bender ; traducción de
Pablo de la Vega.

Other titles: Lakes. Spanish

Names: Bender, Douglas, 1992- author. | Vega, Pablo de la,
translator.

Description: Series statement: Cuerpos de agua |
Translation of: Lakes. | "Un libro de las raíces de Crabtree". |
Text in Spanish.

Identifiers: Canadiana (print) 20210231025 |
Canadiana (ebook) 20210231033 |
ISBN 9781039614307 (hardcover) |
ISBN 9781039614369 (softcover) |
ISBN 9781039614420 (HTML) |
ISBN 9781039614482 (EPUB) |
ISBN 9781039614543 (read-along ebook)

Subjects: LCSH: Lakes—Juvenile literature.

Classification: LCC GB1603.8 .B4618 2022 | DDC j551.48/2—dc23

Library of Congress Cataloging-in-Publication Data

Names: Bender, Douglas, 1992- author. | Vega, Pablo de la, translator.

Title: Lagos / Douglas Bender ; traducción de Pablo de la Vega.

Other titles: Lakes. Spanish

Description: New York, NY : Crabtree Publishing Company, [2022]
| Series: Cuerpos de agua - un libro de las raíces de crabtree |
Includes index.

Identifiers: LCCN 2021024123 (print) |
LCCN 2021024124 (ebook) |
ISBN 9781039614307 (hardcover) |
ISBN 9781039614369 (paperback) |
ISBN 9781039614420 (ebook) |
ISBN 9781039614482 (epub) |
ISBN 9781039614543

Subjects: LCSH: Lakes--Juvenile literature.

Classification: LCC GB1603.8 .B4518 2022 (print) | LCC GB1603.8
(ebook) | DDC 551.48/2--dc23

LC record available at https://lccn.loc.gov/2021024123

LC ebook record available at https://lccn.loc.gov/2021024124

Crabtree Publishing Company

www.crabtreebooks.com   1-800-387-7650

Printed in the U.S.A./072021/CG20210514

Published in the United States
Crabtree Publishing
347 Fifth Avenue, Suite 1402-145
New York, NY, 10016

Published in Canada
Crabtree Publishing
616 Welland Ave.
St. Catharines, ON, L2M 5V6